DISCOURS
DU CITOYEN
FELIX MOUTHON
PASTEUR DE L'EGLISE DE CAROUGE, CHEF LIEU DU DISTRICT DE CE NOM DÉPARTEMENT DU MONT-BLANC

Prononcé après la Bénédiction du Drapeau de la Garde Nationnale de CAROUGE le 30 Juin 1793, l'an second de la République Françaife.

Imprimé par Arrêté & aux dépens du Diftrict.

A CAROUGE,

De l'Imprimerie de COMBEROURE.

ÉGALITÉ, LIBERTÉ.

DISCOURS
DU CITOYEN
FELIX MOUTHON

C'est à l'ombre de ce signe que vous obtiendrez la Victoire.

CETTE promesse consolante que l'Éternel fit entendre autrefois à une armée victorieuse, qui avoit juré la mort des tyrans. Celle qu'il fit faire aux Israelites dans le désert, lorsque Moïse leur dit : Celui qui regardera ce signe sera sauvé ; c'est celle qu'il nous fait en ce jour, & dont l'accomplissement prochain ajoute d'avance à la gloire de nos succès passés, l'espoir si doux de succès nouveaux. Héritiers de la foi du peuple d'Israël, héritiers de la prédi-

A ij

lection dont le Ciel le favorisa, nous le serons aussi de son courage & de ses victoires, si nous ne le sommes pas de son ingratitude. Instruits à l'école de ses malheurs, nous apprécierons mieux que lui les faveurs de l'Éternel, & nous n'attiserons pas sur nous le feu de sa colère en lui demandant un Roi.

Vous ne l'ignorez pas sans doute, Citoyens, les Israelites ne furent jamais plus heureux que lorsque observateurs fidèles de leur loi, ils ne reconnurent de maître que le Dieu dont elle étoit l'ouvrage; assis tranquillement à l'ombre de leurs figuiers ils goutoient pendant la paix toutes les douceurs d'une vie tranquille; la manne tomboit tous les jours pour eux. La loi de l'Égalité écartoit loin de leurs tentes ces sangsues cruelles de l'espèce humaine sans cesse altérées de la substance de leurs voisins. Dans les combats, le Dieu des batailles marchoit à leur tête & tout cédoit à leurs efforts, les rois conjurés ployoient en frémissant leur tête altière sous le glaive d'un peuple qui combattoit pour sa Liberté, & pour punir un monarque impie, qui voulut la lui ravir, le ciel multiplia les prodiges, & Pharaon fut englouti dans les flots.

Mais, hélas! telle eſt la faibleſſe de l'eſprit humain, & puiſſe l'exemple des hébreux nous ſervir d'une grande leçon? Fatigué ſans doute d'une longue chaine de proſpérités, d'une longue ſuite de victoires, il s'ennuya de ſon bonheur, il irrita ſon Dieu.... il eut pû ce peuple favoriſé des cieux, étendre au loin ſes conquêtes, arracher de nouveaux peuples à l'eſclavage, il aima mieux le partager. Les nations étrangères gémiſſoient ſous la verge des Rois, elles étoient eſclaves, Iſraël voulut un Roi, Iſrael fut eſclave à ſon tour, envain l'Éternel jaloux du bonheur de ſon peuple, lui fit une longue énumération des calamités, qui du trône jailliroient ſur tout Iſraël, envain lui fit-il le tableau trop vrai des traces odieuſes que laiſſent après eux les pas du tyran, leur héritage dévaſté, leurs femmes outragées, leurs vignes arrachées, leur liberté perdue; rien ne put toucher ce peuple égaré, il boucha ſes oreilles, il endurcit ſon cœur; nous voulons un roi, s'écrie-t-il dans ſa fureur inſenſée, & l'éternel dans ſa colère leur donne un roi. Dès cet inſtant la gloire d'Iſraël eſt obſcurcie, le ſigne de ſon alliance n'eſt plus qu'un monument de ſon ingratitude & e jouet de ſes ennemis; il s'eſt humilié ſous

A iij

la main d'un homme, & l'Éternel à retiré la main qui le protégeoit. Qui pourroit compter les maux dont il fût dèslors la victime ? Ce n'est plus ce peuple heureux qui vivoit en paix du lait de ses brebis, se couvroit de leurs toison, qui entretenoit avec son Dieu un commerce de prodiges toujours renaissans, ce n'est plus ce peuple dont tout l'univers admiroit la sagesse & la valeur; c'est un peuple livré aux insultes de ses voisins, aux fers de la servitude, l'absinthe la plus amère croit pour eux sous ces feuillages verds que couvroit jadis la manne le plus délicieuse, & quel crime en a donc pu tarir la source ? quel crime a flétri les lauriers dans leurs mains ? Citoyens, le voici, instruisons-nous : Israël las d'être heureux voulut un Roi. O Éternel, tu fus jaloux sans doute de leur criminelle préférance; ils t'outragèrent en te demandant un Roi, mais la bassesse de leurs desirs fut bien punie par leur desir même. Tu n'eus plus pour ce peuple avili que des sentimens d'indignation; sa tête servilement courbée vers la terre, il oublia les droits de la nature & de la raison, il rougit de regarder le ciel, il devint semblable à ces animaux qui se jouent dans leurs chaines. Citoyens, leur histoire peut encore devenir la nôtre, nous mériterons de partager la honte de leurs fers, si jamais les droits sacrés de notre Liberté trouvoient en nous de laches, des traitres, des parjures, des Républicides, j'ai tout dit, des amis des Rois; non, ô éternel! non, ce crime ne se consommera jamais parmi nous; toi seul, & point d'autre Roi pour nous; c'est le cri du républicain, c'est le cri de notre cœur, & la gloire dont tu couvre nos bataillons prouve bien que c'est aussi là ton vœu. Oui, Citoyens, sortis libres des mains du créateur, il ne peut que voir avec indignation prostituer le don précieux qu'il nous fit. Israël captif & se réjouissant dans son esclavage, devenoit un objet d'abomination aux yeux de son Dieu, mais Israël désirant briser ses chaines, devenoit aussitôt l'objet de ses complaisances. Eh! qu'est-il besoin d'aller si loin chercher de pareils exemples? nous-même, & nos neveux pourront-ils bien le croire? Nous-mêmes ne sommes-nous pas un monument animé; ne sommes-nous pas une preuve vivante, que les cieux protégent les vengeurs de la Liberté outragée? Mais envain cette conviction seroit-elle dans nos cœurs, envain l'aurore de la Liberté brillante à nos yeux, auroit-elle fait éclore sur nos lèvres, le sourire d'une joye stérile, & dans nos ames le sentiment d'une reconnoissance passagère; frères & amis ne séparons jamais le bonheur qu'elle nous présente, des devoirs qu'elle nous impose; la République une & indivisible voilà notre tache, & le fruit de notre union, pour remplir cette tache il n'est que deux voies, vaincre ou mourir.

Nous le jurons sous tes yeux, ô Éternel, & puisse ce serment répété dans tous les cœurs ne former qu'un cri, j'ose assurer alors que ce sera le cri de la victoire, tu la dois à la gloire de ton nom, tu la dois à notre bonheur; c'est cet espoir qui, supérieur à tous les efforts de la nature arrache un père tendrement aimé à une famille qui lui tend les bras; par le même motif l'époux abandonne une compagne chérie, & les preuves vivantes de leur tendresse mutuelle, les larmes de l'amitié ne sauroient rallentir le feu patriotique, qui l'arrache à leur amour, il part & tout est sacrifié aux besoins de la patrie. La tendre mère presse encore une fois contre son sein le fruit de ses entrailles, elles vont s'émouvoir, mais la patrie le reclame, elle repousse son fils, elle l'encourage au combat. L'amante laisse échapper de ſes bras l'eſpoir de ſa jeuneſſe, & l'accompliſſement des ſermens les plus doux eſt aarêté par le ferment de mourir pour ſa patrie. Le veillard chancellant ſur les bords de ſa tombe, mais ſouriant d'avance au bonheur de ſa poſtérité, ſe voit privé ſans regret des rejettons qui faiſoient l'appui de ſa veilleſſe, & la conſolation de ſes dernières années; tous les ſentimens les plus tendres vont ſe perdre & ſe confondre dans le ſentiment unique de la liberté. O Dieu, mon cœur cède à un ſpectacle ſi attendriſſant, ſans doute, c'eſt là ton ouvrage, & des ſentimens ſi ſublimes ne peuvent venir que de toi.

Oui, Citoyens, frères & amis, c'eſt pour ſa gloire que nous combattons, c'eſt pour ſa gloire que nous nous preſſons autour du drapeau tricolore; ce drapeau ... ah! des Républicains, peuvent-ils le fixer ſans éprouver tout l'enthouſiaſme, toute l'énergie du ſentiment, réunis ſous ſon ombre nous ne devons plus former qu'une famille de frères, qu'un ſeul déſir: la République une & indiviſible, la Liberté ou la mort; voilà ce qui eſt écrit, & ce vœu doit fermenter dans nos veines juſqu'avec la dernière goutte de notre ſang.

Loin d'ici, loin de nos tentes ces froids partisans de la Liberté, qui n'éprouveroient point cette même ardeur; qu'ils aillent dans les cours des Rois, tandis qu'il en existe encore, végeter dans les antichambres trainer des jours fouillés par la honte & l'esclavage; pour nous qui sentons tout le prix des droits de l'homme, regardons avec confiance le signe de notre salut. Rapellons-nous, que lorsque la divinité voulut sourire aux hommes après une longue calamités, elle se manifesta dans un météore où étoient d'avance les trois couleurs; voyons encore dans ces trois couleurs l'emblème du vrai républicain, la candeur, le courage & la gloire, nous serons invincibles, tant que ce triple caractère sera réfléchi dans nos ames, & nous aurons sur nos ennemis le double avantage de les terrasser par la force de nos armes, & de les surpasser par nos vertus.

O Dieu de nos pères, Dieu des armées, c'est de tes mains que nous recevons ce drapeau chéri, fais qu'il soit pour nous ce qu'étoit pour Israël encor fidèle, la colonne de feu qui éclairoit sa marche durant les heures de la nuit, & la nuée qui tempéroit pour eux l'ardeur du jour, répand sur lui tes bénédictions, répand-les sur nos armées, que ce signe précieusement, conservé au milieu de nous soit un gage de ta protection sur toute la République, & sur un peuple surtout qui lui est si sincérement attaché. Que Carouge, déjà distingué par son patriotisme, le soit aussi par ta providence sur lui & sur ses environs amis des Français; nous te jurons tous aujourd'hui solemnellement de mourir plutôt que d'abandonner notre étendart, non jamais on ne l'arrachera de nos mains, parce que sa racine est dans nos cœurs; à l'ombre du drapeau tricolore nous braverons l'ennemi; nous irons, nous le verrons & il fuira; & s'il faut mourir pour le défendre, nous verrons couler notre sang avec la plus douce volupté, heureux si notre sang répandu pouvoit ajouter sa couleur à tous les drapeaux qui n'ont encor que les deux autres. Nous mourrons contents pour la patrie, pourvu que la patrie soit sauvée.

Citoyens & Citoyennes, vous que la foiblesse du sexe ou de l'âge retient dans le sein de nos foyers, lorsmème que vos désirs brulans vous appelleroient au milieu de nous dans le champ des batailles, rassurez-vous, remettez-nous avec confiance la garde de ce drapeau cher à vos cœurs. Pères & mères, nos parens, nos amis, nos amies reposez-vous sur nous du soin de le garder, ne craignez pas que nous dégénérions jamais de l'auguste qualité de Républicains, & qu'une lâcheté honteuse laisse arracher de nos mains ce dépôt sacré, non, non, on vous nous verrez revenir triomphants avec l'étendart de la Liberté victorieuse, ou bien cet étendart sera le drap mortuaire sous lequel nous serons tous ensevelis.

Car il est écrit sur ce drapeau, il est gravé dans nos cœurs, & nous le jurons à la face du ciel & de la terre la République une & indivisible, la Liberté ou la mort.

En Remettant le Drapeau.

Citoyen, c'est au nom de la patrie que je te confie la garde de ce drapeau, va porter avec lui la terreur & l'effroi dans les camps de nos ennemis & qu'il soit raporté au milieu de nous, teint du sang des despotes ou noyé dans le tien.

F I N.

www.ingramcontent.com/pod-product-compliance
Lightning Source LLC
Chambersburg PA
CBHW061620040426
42450CB00010B/2577